Anita Pichler: Beider Augen Blick

Anita Pichler

Beider Augen Blick

Neun Variationen über das Sehen

Haymon

Die Deutsche Bibliothek – CIP-Einheitsaufnahme
Pichler, Anita:
Beider Augen Blick : neun Variationen über das Sehen /
Anita Pichler. – Innsbruck : Haymon-Verl., 1995
ISBN 3-85218-188-7

Satz: Tau Type, Bad Sauerbrunn
Druck und Bindearbeit: Wiener Verlag, Himberg

Inhalt

Das Andere

»Es ist weder gut noch schlecht, höre ich sagen, es ist einfach anders.« Ich sage diesen Satz und spreche von Landschaften und Bildern, von Menschen und Tieren, von Früchten, Farben und Empfindungen. Ich spreche von dem, was schweigt, weil ich seine Sprache nicht begreife. Ich spreche von meinen Empfindlichkeiten. Gut oder schlecht ist das Kürzel, es faßt das Bekannte, das Vertraute, das, was ich nennen kann, was ich orte und ordne, es faßt das Nicht-Andere. Es faßt das, womit ich das Andere ausgrenze, denn über das Andere kann ich nichts sagen. Ich kann es umgrenzen, indem ich das Bekannte benenne. Die Grenze des Anderen ist die Grenze von dem, was ich weiß. Das Andere ist das, was meinem Wissen einen Rahmen gibt. Vieles von dem, was ich weiß, habe ich gelesen oder gehört. Ich habe gelesen, daß es Götter gab auf der Erde, welche die Menschen aus Wassern und Felsen ins Leben riefen und wieder zurück in Flüsse und Stein; ich habe gelesen, daß es einen Gott gegeben hat, der die

Menschen erschaffen, ihnen einen Teil seiner Zeit zugemessen und sie wieder zu sich gerufen hat; ich habe gehört, daß sich die Menschen von ihm lösten, daß sie versuchten, Ursache und Wirkung nach ihrem Maß zu ergründen, daß sie von den Müttern geboren wurden und starben; ich habe von sanften Theorien der Entwicklung gehört, von heftigen Theorien, vom großen Knall: Ich habe gehört, daß durch ihn die ganze sichtbare Welt aus dem Zusammenhang gestoßen wurde. Ich glaube nicht mehr. Ein Anderes hat sich meiner bemächtigt. Es ist keinem Gewicht unterworfen, es traut dem Ohr nicht, es kann den Blick nicht richten, es weicht jedem Vergleich aus, jedes Maß ist ihm gleich und gültig.

Das Andere und ich, wir wissen nichts voneinander. Wir sind uns kein Spiegel. Nur als Echo meine ich es wahrzunehmen, als Druck.

Das Andere ist das, was ich gefangen halte. Wenn ich mich ausbreite, schrumpft das Andere, und wenn sich das Andere ausbreitet, nehme ich mich zusammen. Zwischen uns gibt es keinen Frieden, nichts, was von Dauer wäre, nichts Festgelegtes. Fortwährend brauchen wir uns, verbrauchen uns aneinander. Wenn ich mich ihm ausliefere, nehme ich ihm seine Form. Es ist

das, was sich mit mir bewegt, wenn ich gehe und atme, wenn ich um mich schlage, wenn ich die Lider schließe, wenn ich lache, weine oder huste.
Es hat keine Zeit.
Es hat nur die Zeit von mir, wie ich nur einen Raum in seiner Zeit habe.
Als Energie kämpfen wir miteinander.
Als Wärme glühen wir aneinander.
Als Stimme trägt es mich.
Als Blick machen wir einander unsichtbar.
Wir sind aus dem gleichen Stoff. Es gibt zwischen uns keine Trennung, wir können uns nicht voneinander befreien.
Als Bewußtsein verstecken wir einander.
Die Form, die ich ihm gebe, begreife ich nicht.
Wir haben nichts gemeinsam.
Mitleid haben wir miteinander nicht.
Wir haben keine Freude aneinander. Mein Schmerz läßt es gleichgültig.
Mühelos scheint es mir. Ich nenne es Fisch, Gitarre und Hahn, Pferd oder Vogel.
Ich träume es gut, ich träume es schlecht, ich träume es zum Monster und zum Engel.
Ich nenne es Baum, Haus und Tier, ich nenne es Liebe, Eros und Melancholie.
Ich nenne es Wahnsinn, ich nenne es Unsinn und schaue nach den Zwischenräumen aus.

Ich nenne es heimlich, wenn ich mir genug bin, ich nenne es unheimlich, wenn ich mir nicht genüge. Ich suche nach Gesetzen, um es zu bannen und baue mich selber nach in der Genauigkeit und im Gleichmut der Maschinen, in der Geschwindigkeit vom Wind, in der Ordnung und Beschleunigung. Ich möchte es einholen.
Ich kann es nicht abschütteln.
Es zwingt mir den Willen auf, Mensch zu sein, Falter oder Schildkröte, und unaufhörlich zu unterscheiden.
Reglos schaut es aus den Augen eines sterbenden Tieres.
Es wird in mich eingedrungen sein. Wir werden einander verzehrt haben. Ich werde nicht sagen hören, sie ist tot.

Biel, 1991

Das Herz

DAS HERZ IST DAS HERZ IST DAS HERZ
IST DAS HERZ IST DAS HERZ IST DAS
HERZ IST HERZ IST DAS HERZ IST
DAS HERZ IST DAS HERZ IST DAS HERZ
IST DAS HERZ IST DAS HERZ
IST DAS HERZ IST DAS HERZ IST DAS
HERZ IST DAS HERZ IST DAS HERZ IST
DAS

Ich meine nicht die gläsernen Herzen aus Märchen und Legenden, nicht das Eisenherz oder das Herz aus rotem Ziegelstein. Ich meine nicht die Herzen der toten Könige, die in Vale-de-Grâce, Altötting, oder in der Augustinerkirche in Wien bestattet sind; auch nicht das Flammenherz, das dem sterbenden Christus getötet wurde, bevor er seine Fragen in das Weltgewölbe setzen konnte. Ich meine nicht das Herz, das die Kopfjäger aus den lebenden Körpern der Opfer rissen und sich einverleibten. Auch das Herz der Herzensangelegen-

heiten meine ich nicht, kein verlorenes, verlassenes Herz: nicht das Schokoladenherz der Männer, nicht das Himbeerherz der Frauen, kein Zuckerherz, das auf der Zunge zergeht.
Ich meine nicht das Herz der Herzlosigkeit.

*Herz ist Herzton ist Herzton ist
Herzton ist Herzton ist Herzton ist
Herzton ist Herzton ist Herzton ist
Herzton ist Herzton ist Herzton ist
Herzton*

Ich meine nicht das Spielherz, das ich in ferne Länder tragen, in fremden Städten verlieren kann, nicht das Zahlherz auf dem grünen Tisch; nicht das triefende Herz, das einer auf den warmen Ofen zum Trocknen auslegt und vergißt. Ich meine nicht die austauschbaren Herzen, die in die Welt gestreut und nicht wieder eingesammelt werden. Sie liegen auf Banken und Postämtern, ticken in der Telefonleitung und knarren in den Dielen alter Häuser. Manche suchen sie und tragen sie später im Knopfloch wie einen Veilchenstrauß.

HERZSCHLAG IST HERZ IST HERZSCHLAG
IST HERZSCHLAG IST HERZSCHLAG IST
HERZSCHLAG IST HERZSCHLAG IST
HERZSCHLAG IST HERZSCHLAG IST
HERZSCHLAG IST HERZSCHLAG IST
HERZSCHLAG IST HERZSCHLAG IST
HERZSCHLAG IST HERZSCHLAG IST

Ich meine nicht die Herzen der Landschaften, der Wüsten und Wälder, nicht die Herzen der Berge und Städte, die zerstört und wieder aufgebaut werden. Auch die Herzen der Länder und Nationen meine ich nicht, die jahrhundertelang schlummern, bis sie ausbrechen und das ganze Unheil, das sich in den Zeiten der schlafenden Herzen angesammelt hat, ausschleudern.
Ich meine nicht das rachsüchtige Herz, nicht das neidische, nicht das gefräßige.

HERZWAND IST HERZWAND IST HERZWAND IST
HERZWAND IST HERZ IST HERZWAND
HERZWAND IST HERZWAND IST HERZWAND
IST HERZWAND IST HERZWAND IST
HERZWAND

Ich meine nicht den Ort der Gedanken, auch nicht den Ort der Seele, dieser flüssigen Kraft, die Liebende einander in den Körper denken, mitten ins Herz: Es schlägt einen Purzelbaum und verrutscht. Ich meine nicht die Trauer der Liebenden über das Herz, das die Seele nicht trägt.

Herzflimmern ist Herz ist
Herzflimmern ist Weh ist Herz ist
Herz ist Weh Herzflimmern ist
Herzflimmern ist Herzflimmern ist
Weh ist Herzflimmern ist Herz ist
Weh ist Herzflimmern ist Herz ist
Weh ist Herzflimmern ist Weh ist
Herz ist Herzflimmern

Ich meine nicht das einfältige Herz.
Vom Herzen wird erzählt, daß es einmal eins war, als die Welt noch in der Auster ruhte. Aber Luzifer, der sich langweilte, knackte die Auster und sah eine weiße Perle davonrollen. Sie ist im All zerstoben, und der Staub liegt noch in allen Lebewesen, die Tiere sind und Menschen, und in den Dingen der Welt.

Herzklappe und Herzklappe ist
Herzklappe und Herzklappe ist
Herzklappe und Herzklappe ist
Herzklappe und Herzklappe ist
Herzklappe ist Herzklappe und
Herzklappe

Ich meine vom Herzen etwas anderes. Das Herz, das ich meine, ist der hohle Muskel, der die Blutbahnen scheidet, die heimliche Grenze, die ich in mir trage, die allen Orakeln widersteht, sich jeder Interpretation verweigert, die sich der Offenbarung entzieht.

Liebe und Haß, Lust und Schmerz, Mitleid und Grausamkeit nisten darin: Es muß in Schuld und Unschuld alles tragen. Es hat nicht recht, es hat nicht unrecht. Und wenn es recht hat, hat es Teil am Unrecht, das dieses Recht ausgelöst hat. Es ist meine Freude, die Angst und Schrecken gebiert, es ist meine Angst, die frohlockt im Entsetzen, die vor Freude zittert. Es ist das, was horchen muß und nicht gehorchen kann, was mich lebendig erhält und an dem ich sterben werde.

Herzklappe ist Herzklappe und
Herzklappe Herzklappe Herzklappe
Herzklappe Klappe Klappe Klappe

Herzkreislauf ist Herzkreislauf ist
Herzkreislauf Herzkreislauf
Herzkreislauf Herzkreislauf
Herzkreislauf Herzkreislauf

Es hält das Wort in mir gefangen und liefert es keiner Sprache aus, es legt mir das Wort auf die Zunge und öffnet die Lippen: Es gebietet zu spüren und zu riechen, es gebietet der Stimme, dem Gehör und dem Blick. Es ist der Blick von mir, der zeugen kann, was ihn rührt, der zerstört, was er trifft. Es ist das Schauende, woran ich erblinde.

Herzgrube Herzgrube Herzgrube
Herzgrube Herzgrube Herzgrube
Herzgrube Herzgrube Herzgrube

Das Herz, das ich meine, ist die Luftwurzel im Auge, durch die ich die Welt einlasse, es ist die Luftwurzel im Auge, aus der die Welt mich nimmt.

Berlin-Wien, 1992/1994

Das Feuer

Sie sitzen am Kaminfeuer und haben über einem brennenden Holzscheit in einem Löffel Blei geschmolzen. Der Mann gießt das flüssige Metall vorsichtig in ein Glas und fischt dann mit zwei Fingern seltsame Gebilde aus dem kalten Wasser. Er legt sie auf den Tisch, streicht sich mit der linken Hand vom Ohr bis zum Scheitel durchs Haar und erzählt:
Er erzählt von Prometheus, dem Schöpfer der Menschen, und von Prometheus, der den Göttern das Feuer stahl, der an den Felsen gekettet, allmählich vom Adler zerfleischt wird, bis der Adler Prometheus ist, denn das ist der Schöpfer: bald Mensch, bald Engel oder Löwe, bald ein anderes Tier, bald Adler, der in die Sonne fliegt. Der Mann erzählt von der Erde, vom Feuer in ihrem Innern, von der Sonne, vom Mond, von Kaltem und Heißem, er erzählt vom Wasser, von der Luft und von der Erde; von den Pflanzen erzählt er, und immer wieder von den Tieren. Lianen hält er in der Hand, Feuervögel und winzige Tiger. Der Mond kommt in

seinem ersten Viertel zustande, die Sonne mit unregelmäßigen Strahlen.
Und der Körper des Menschen ruht im Körper des Tieres, Flammen haften daran, zehren an den Formen. Der Mann hält das Gebilde über die Flammen, sie leuchten das Tier aus, den Menschenkörper, den Leichnam. Durch die Wärme des Feuers bäumt sich die Tierform in ihrer ganzen Kraft und Schönheit auf, alle Muskeln sind gespannt, und der Mann verliert sich in seinen Vorstellungen, Erinnerungen: Aus solchem Stoff waren die Taten, die seinen Stolz und seine Ängste gezeugt hatten. Schön und vergänglich, warm und lebendig bis zur Unerträglichkeit, bis zur völligen Auszehrung, bis zum Erlöschen. Vielleicht, sagte er, sollten wir miteinander reiten gehen, fischen, tanzen, oder einfach um die Welt reisen.
Das Mädchen schaut ihn mit großen Augen an. Und der Mann beginnt erneut zu erzählen, dieses Mal von der Verbrennung der Leichen am Fluß und von der reinigenden Kraft des Feuers. Schiffchen aus Ölpapier, aus Stanniol, gefüllt mit Blumen und Flammen, treiben auf dem seichten Wasser, sagt der Mann, die Strömung ist kaum auszumachen, im heiligen Fluß. Im Wasser stehen Männer,

Frauen und Kinder, es reicht ihnen bis zu den Knien, den Kindern bis über den Po. Sie tauchen ein in das schlammige, dunkle Wasser, reinigen sich. Und ein träger Menschenstrom zieht zum Tempel, wirft mit Blumen, mit Farben. Man hat Farben über den Leichnam gegossen, von ocker bis orange, helles Zinnober, leuchtendes Karmesin und dunklen Purpur, man wirft so lange Blumen ins Feuer, bis vom Körper des Menschen nur noch Asche übrigbleibt. Und die Trauer der Hinterbliebenen, dieses leuchtende Feuerwerk, in sich versinkt, zerbröselt, verglüht. Ein Freiwerden, sagt der Mann.

Und er sagt, daß jede Form aus dem Feuer entsteht, daß in der Form die Hoffnung liegt, im Werden. Wer Formen schafft, wird nicht zerstören, sagt der Mann.

Und wer hat den Körper des Tieres mit dem Feuer berührt? War es kein Mensch? Er wird in seinem Innern verbrennen, sagt das Mädchen, er hat den Körper des Tieres zum Körper des Feuers gemacht. So muß der Körper des Menschen im Feuerkörper des Tieres verbrennen. Warum verbrennt es sich nicht selbst, das Feuer? Hat es keinen Körper, keinen Ort?

Es hat alle Orte, an denen es zünden kann, sagt der Mann. Es muß zerstören, woran es entsteht und Halt findet.
Armes Feuer, sagt das Mädchen. Dürfen wir es nicht lieben? Wir müssen es fürchten, aber wir zünden es an und schauen, wir gebrauchen es, wärmen uns daran und löschen. Immer müssen wir das Feuer löschen. Aber es ist schön, das Feuer.
Schön und schrecklich, sagt der Mann. Nützlich und ungebändigt. Es wärmt und hinterläßt Frost und Kälte. Und er denkt unwillkürlich an die brennenden Städte, die er gesehen hat, an hoch auflodernde Wälder, an das ganze Schreckensbild der Kriege und Feuersbrünste. An das Elend der Flüchtenden, an ausgebrannte Heimaten, an seine eigene Kindheit. Und er denkt an das warme Ofenfeuer und daran, daß man es heute kaum noch sieht, an das zahme Feuer denkt er und an all die schönen und nützlichen Dinge und Gegenstände, die durch das Feuer geschaffen werden, an die alte Schmiede in einem griechischen Dorf denkt er und verstummt über das viele Denken und merkt nicht, wie die Gedanken, die Bilder in ihm auflodern und verglühen.
Da langt das Mädchen nach dem Löffel und

nach dem Blei und langt nach den Flammen. Der Mann zieht sie aus dem Kamin und nimmt ihr alles fort. Erschrocken erklärt er: Du wirst dir die Haut verbrennen. Du tust dir weh.
Gib mir Feuer, sagt das Mädchen, was kann er schon tun, der kleine Schmerz, wenn ich damit die Welt rette?
Da schüttelt er den Kopf: Du bist noch jung, sagt er, du wirst mir die Welt verbrennen.
Und das Mädchen beharrt nicht auf ihrer Bitte, wie sie meistens auf ihre Forderungen pocht. Das Mädchen schaut ihn aus gelben Augen an, und der Mann sieht sie lachen, sie lacht ihm ins Gesicht, lacht, wie Kinder lachen, alle Grausamkeit, alle Freude, Schadenfreude, Freude an der Quälerei und Freude an der Freude. Unschuldig sieht er sie lachen, sie ist zu jeder Schändung fähig, denkt der Mann. Es läuft ihm kalt über den Rücken. Alle Verdienste, alle Schuld, die er in seinem Leben gesammelt hat, eigene und nicht ganz eigene, fremde und vertraute, nahe und weit zurückliegende, die nur noch in Narben erkennbar ist, in kleinen Zeichen auf der Haut. Er möchte sie davor bewahren. Wozu ist so ein Mädchen fähig? Sie weiß es nicht. Aber er hatte immer gedacht, daß so nur Idioten lachen,

Heilige und Verrückte. Es ist wie das unsichtbare Lachen der Tiere, das wir nicht erkennen, und er kann den Blick nicht abwenden vom lachenden Mädchen. Er möchte sie prügeln, damit dieses Lachen aufhört, möchte es aus ihrem Körper schlagen. Aber als er schon den Arm heben will, sieht er, daß sie zart und zerbrechlich ist. Und in ihren Augen sieht er seine eigene Begeisterung, seine Angst davor und die Sehnsucht danach. Was habe ich angerichtet, denkt er, was habe ich geweckt. Und er spürt, daß er sie liebt, und schaut beschämt auf seine großen Hände und fürchtet sich vor der Kraft dieser Hände, und er streichelt das Mädchen. Und in den Augen des Mädchens sieht er Flammen stehen, lodernd und hell über einem dunklen Grund.

Das Mädchen kümmert sich nicht um die Nachdenklichkeit des Mannes.

Du meinst nicht die Welt, sagt sie. Du meinst nur deine Dinge. Du sagst Welt und meinst die Dinge. Du hast mir nicht alles gesagt. Du sagst mir immer bloß einen kleinen Teil. Aber ich habe keine Angst, ich werde es mir holen, das Feuer.

Sie nimmt die Figur des Menschenkörpers im brennenden Tier, sie nimmt alle Figuren, die sie miteinander gegossen haben, und wirft sie in den Kamin, zurück ins Feuer.

Venedig-Wien, 1994

Der Zufall

Der Anfang ist leicht: Erzählen wir einander. Der Anfang ist wie eine Bitte, wie jede Wurzel, die Rübe, das Herz: Ich setze das erste Wort an den Platz, wo ich stehe. Ich suche einen Tag an diesem Ort und beginne.

Wasser und Luft, Straße, Staub und Strand. Bewegung. Hände und Lippen, Augenlider. Die Poren der Haut, Schuppen und Federn. Aufreißen, platzen, brechen, Durchlässigkeit. Warten auf das Morgengrauen. Wenn das Wasser seine höchste Spannung erreicht hat, kommt der Wind, flackern Möwen auf und Spatzen, die Blüten öffnen sich und die Fensterläden.

Alles erscheint aufgelöst und von allen Geistern verlassen. Daß sie gut seien, ist bloß Vermutung, ist ein Wunsch. Farben fressen sich vom Horizont in die Sonne. Fressen sich ins Wasser, in die Kanten an den Häuserecken, tauchen aus den Tiefen und aus den Untiefen der Wasser, ziehen mit dem Dunst in die Wolken, weiß vom Licht und weiß von der Finsternis. Daraus löst sich ein Flügelschlag, löst sich Geflatter, Möwe,

Seeschwalbe und dunkler, kleiner Spatz, hüpft vom Brotbrocken zur Krume.
Langsam setzt am Strand das Leben ein, schwarz lösen sich die Figuren einzeln aus dem Hintergrund, steigen aus dem Wasser, aus weißer Luft, aus weißem Sand an eine Oberfläche, die sich dunkler färbt und ins Weiß einkerbt, eine Linie schlägt, einen Horizont vom Sand zum Wasser zieht, zum Blau. Die Luft klebt an einem Kondensstreifen, das Flugzeug setzt zur Landung an, segelt lauter und tiefer dem aufsteigenden Land zu.
Schweiß, sagt der Mann.
Die Frau hat sich ihre Sandalen über die Schultern gehängt, den Hut tiefer in die Augen gezogen, das geflochtene Stroh wirft ihr ein Gitterwerk um Kinn und Mund.
Am Bein noch ein halber Schatten, es taucht immer wieder aus dem Kleid in den Sand.
Du Lügnerin, du kleine Betrügerin, du.
Läßt die Dinge verschwinden.
Der Rock um die Hüften schwingt weit wie die Dünen, vom Wasser bis zum Horizont, zwei Taschen darin, eine rechts und eine links. Wandelt darüber hin, steckt die Welt ein, eine Welt aus schwebendem Weiß, aus Licht. Hier gehen die beiden auseinander, ziehen über den Strand

um die Welt. Unter ihren Füßen entstehen die Dinge und verschwinden in ihren Taschen. Vor ihnen strebt alles auseinander, fügt sich alles. Alles erscheint und vergeht, jeder winzige, riesige Schrecken: selbst die Ordnung der Wörter kann ihnen die Dinge nicht enthalten.
Ein weiches Nichts, wo sie weitergehen, verwischte Bahnen aus Licht. Alles geht durch sie hindurch: Das Papier und das Blatt, die Hand, die den Kamm durch die Dunkelheit zieht, der Kamm, der die Nacht kämmt und sein gebrochener Zahn, der Schuppen aufwirft und auf ihren Grund zurückfallen läßt, und der Grund, den die Wellen fortschwemmen; die geöffnete Muschel, die aus den Wellen hervorgeht, an die Oberfläche treibt, und ihr Atem. Aus jedem Hauch kann eine Milchstraße entstehen, sie sind jeder Vermutung zu Diensten.
Wer sind die beiden?
Ich weiß es nicht.
Immer ist einer jung und eine alt, oder umgekehrt, immer eines weiblich und eines männlich, immer sind sie ein Paar. Immer ein Widerspruch. Sie haben alle Namen der Welt, doch wer sie erkennt, sagt, daß es der Zufall war. Manche nennen es Schicksal. Flüchtig ist ihre Begegnung. Sie ziehen ihre Kreise um die

Welt. Wo sie einander begegnen, fallen ihnen alle Dinge aus den Taschen, und sie werfen alles in die Luft. Es fällt, es fällt, rufen wir. Sterne fallen, Tage und Nächte, Äpfel fallen von den Bäumen, Flugzeuge vom Himmel, Regen fällt und Schnee, und der Vorhang fällt. Wo sie einander verlassen, nehmen sie alles mit. Sie machen uns den Abschied leicht und die Begegnung schwer, oder umgekehrt, und verleiten uns zu seltsamen Sprüchen. Kopfüber, kopfunter gaukeln sie uns Glück oder Unglück vor. Wie einen Regenbogen spannen sie bunte Hoffnungen in unseren Alltag.
Heute ist die Frau jung und schön, ein Mädchen mit wehendem Haar unterm Hut, doch man sieht ihre Schönheit kaum. Schwester, habe ich sie gerufen, da drehte sie sich auf den Fersen um, der lange Rock wischte dicht an meinen Augen vorüber, verdunkelte die Sonne, und vor mir stand eine alte Frau, stand hilflos, legte sich in den Sand. Der Mann, der kam und sie aufhob, war fast noch ein Knabe.
In den Städten sind sie nicht leicht erkennbar. Unter den vielen, den Müden in der U-Bahn, in Autos und Bussen, unter den Quatschenden am Ausgang vom Kino, im Kaufhaus, unter den Besorgten und am Straßenrand. Oder vielleicht

am Morgen, die Frau, die den Stunden vorauseilt, der Junge an der Bushaltestelle, der keinen Fahrschein hat. Der alte Mann, vielleicht, der sich durch die Straßen schleppt, wie durch die Bilder seiner Erinnerung, kopfschüttelnd, ihm sind alle vertrauten Gegenstände abhanden gekommen. Nur ab und zu ein beißender, kurzer Geruch, der ihm bestätigt, daß er sich in der Straße befindet, durch die er zu gehen vermutet.

Venedig, 1992/1994

Die Landschaft

Der Anfang ist nicht der Anfang vom Bild. Der Anfang hat sich in den Bildern aufgelöst. Hinter jedem Anfang steht das Prinzip, das schon lange wirkt, und über den Anfang hinaus andauernd zu wirken beginnt.
Die Bilder entstehen aus der Landschaft. Die Landschaft ist Fels, ist Sonne darauf. Riffkalke und Licht, ist Nebel darüber. Ist Nebel und Auflösung. Ist Auflösung und Versteinerung. Risse und Ritzen, von Wurzeln aufgetan, aufgeblüht und versunken, eingebrochen. Von Wassern genährt, von Wassern gespült. Von Wassern angeschwemmt, die Erde, und wieder von ihnen verlassen.
Der Ort der Bilder ist die steil ansteigende Felswand, ist der Abgrund. Im Auge, das sich daraus löst, entsteht das Bild: Linien, wie Schlangentanz, wie Vogelflug, wie der Sprung der Raubkatze oder die Flucht vom Murmeltier: Kommt ein Wesen aus der Nacht, kommt wie ein Falke, ein Rabe, eine Schwalbe, kommt mit allen Formen von Falken, Raben und

Schwalben, mit allen Eigenschaften, wie das dunkle Abbild in die Sonne; setzt mit Katzenpfoten auf, wird Tiger, wird Wolf, wird Schlange, mit ihrem Hunger, mit ihren Krallen, Zähnen und mit ihrem Gift, mit ihrer Schönheit und Kraft. Dringt in die Augen der Menschen, streut Furcht und Entsetzen. Trägt als Stier alles Grauen der Welt, alle Fruchtbarkeit und alle Orakel.

Das ist das Bild vom Berg; er selbst schafft es aus seinen Abhängen: Tanna ist der Name, weiblich das Geschlecht, überliefert als älteste Gottheit, Schöpferin alles Lebendigen: Sie wirft die Pflanzen, die Tiere, die Menschen, wirft Wasser, Luft und Feuer, eins nach dem anderen, eines neben das andere, so die Parabel.

Und das Symbol ist die Zeit: Sie wirft alles durcheinander und ordnet den Lauf der Dinge. Sie trennt das Leben vom Tod und macht alles sichtbar.

Sie lehrt die Menschen, mit dem Tod zu rechnen und mit der Furcht.

Sie ist ihr Haus im Wind und im Regen, in Tagen und Nächten. Sie ist das Schiff, in das alles sich flüchtet, Gut und Böse, Licht und Dunkel, Wachen und Schlaf. Sie hält den Raum

offen, und alles geschieht: Freude geschieht, Angst und Macht geschehen, Kälte und Durst. Sehnsucht und Leidenschaft, Schweres und Leichtes; und der Haß geschieht und die Liebe geschieht.
Siegen geschieht und Verlieren. Untergang ist der Anfang vom Bild. Am anderen Ende der Zeit wandelt die Sonne durch die Nacht.

Wien-Obereltes-Hütte, 1993

Die Farbe

Die Farbe an den Spitzen
Die Farbe an den Spitzen weich unter den
Fingern
Die Farbe der Oberflächen
Die Farbe der Rundungen
Die Farbe der Höhlen und Schatten
Die Farbe vom Blatt
Die Farbe vom Blatt am Blatt
Die Farbe hinter den Blättern
Die Farbe hinter Eiche und Buche
Die Farbe der Roßkastanien
Die Farbe der Eßkastanien
Die Farbe der Platanen
Die Farbe unter den weißen Kerzen
Die Farbe der gelben Dolden
Die Farbe der Äste und Zweige
Die Farbe der Kronen
Die Farbe der Verzweigungen
Die Farbe der Blattspitzen
Die Farbe der Rippen
Die Farbe der Zacken
Die Farbe an Stielen und Früchten

Die Farbe der Stechpflanzen
Die Farbe der Heilpflanzen
Die Farbe der Kräuter
Die Farbe von Trost und Heilung
Die Farbe der Moose und Flechten
Die Farbe im Haar und in der Trauerweide
Die Farbe an der Sumpfdotterblume
Die Farbe der wilden Früchte
Die Farbe am Rand
Die Farbe am Rand der Wasser
Die Farbe am reißenden Fluß
Die Farbe im Fluß unter den Zweigen
Die Farbe am ruhenden Wasser
Die Farbe am fallenden Wasser
Die Farbe am Stein im Wasser
Die Farbe der Wasserfälle
Die Farbe der Wasserfälle im Becken
Die Farbe der Tropfen
Die Farbe im Grau
Die Farbe im Stein
Das Licht im Stein
Die Farbe der Wolken am Stein
Die Farbe der Wolken über Wasser und Stein
Die Farbe im Regen
Die Farbe im Regentropfen, im Nebel
Die Farbe der Straße im Regen
Die dunkle Farbe der Wälder im Regen

Die Farbe des Aufbruchs
Die Farbe des Abschieds
Die Farbe am aufklarenden Himmel
Die Farbe des Himmels zwischen den Blättern
Die von den Blättern gebündelte Farbe
im Wasser
Die tanzende Farbe auf stillem Wasser
Die Farbflecken im Licht
Die zitternde Farbe des Himmels im Wasser
Die zitternde Farbe des Himmels im Wasser
über dem Stein
Die Farbe der Falten im Fluß
Die fließende Farbe
Die sickernde Farbe
Die Farbe im trockenen Fluß
Die Farbe im Stein, im Sand
Die Farbe im Sand unterm Fuß
Die Farbe der Gräser
Die Farbe der Dürre
Die Farbe der knisternden Halme
Die Farbe der Disteln
Die Farbe am Weg
Die Farbe im Staub am Weg
Die Farbe an den alten Mauern
Die Farbe in den alten Räumen
Die Farbe der Heiligen
Die Farbe der Heiligen im Halbdunkel

Die blinde Farbe im Mittag
Die Farbe des Welkens
Die welkende Farbe an den Rändern
Die Farbe der Saat
Die Farbe der Sattheit
Die weichende Farbe der Knospen
Die erinnerte Farbe der Blüten

Val di Maggia, 1991

Der Tod

Nein, ich glaube nicht, daß ich mit ihm spielen könnte. Wir sind uns zu ähnlich. Ich habe es versucht, in all den Jahren, die wir jetzt schon miteinander unterwegs sind. Doch er kennt meine Gedanken, und ich, wenn ich ehrlich bin, spüre seine Regungen auch. Wir haben uns an viele Tische gesetzt, in Wohnungen und Kneipen, im Freien unter Bäumen und am Straßenrand. Als Gäste in fremden Wohnzimmern, als Freunde in bekannten Küchen, als Vertraute auf unbekannten Plätzen, als Fremde unter Freunden. Ich mischte die Karten, und er teilte sie, und ich schob sie ihm hin: Wir hatten dieselben Karten in denselben Händen und dasselbe Staunen in denselben Augen, dasselbe Lachen, als wir die Karten aufdeckten, dasselbe Schaudern. Ich kann ihn nicht herausfordern. Er ist mutig mit mir und hat meine Angst vor dem Abgrund. Wir kommen gleichzeitig ins Ziel.
Wenn wir miteinander reden, drehen sich die Leute auf der Straße nach uns um, die Selbstbewußten tippen sich an die Stirn, die Schüch-

ternen wenden sich ab, und selbst die Spötter lächeln mitleidig; Kinder stoßen einander mit den Ellbogen und kichern.

Das, was wir tun, ist nicht zu unterscheiden, und das, was wir versäumen, bleibt ungetan. Miteinander können wir nichts nachholen und leben die Tage ohne Reue und ohne Eile. Er ist kein schlechter Begleiter. Er treibt mich nicht an, er fordert nichts von mir. Und doch habe ich etwas gegen ihn.

Ich habe gegen ihn fast alles, was ich besitze: Meine Schuhe hat er schon gezähmt und das neue Kleid hat er immer schon vor mir getragen. Er bewohnt die Stadt, in die ich ziehe, liegt im Sand in der Sonne, treibt im Wasser und hat den Berg schon bestiegen. Auch in der Wohnung lebt er schon lange, wenn ich komme, und er weiß vom Defekt im geborgten Wagen. Vor unseren Augen laufen die Straßen, biegen um die Ecke, und an der Ampel tritt er mit meinem Fuß auf das Bremspedal.

Immer weiß ich ihn bei mir: und doch habe ich kein Bild von ihm. Da liegen die Neugeborenen in der Wiege, zwei Wachspüppchen mit Häubchen auf den kahlen Köpfen, Blumen im Zimmer und Kerzenlicht, obwohl Tag ist, ein klarer später Wintertag. Daneben im Bett liegt die Frau und weint. Ich frage, warum sie weint, die Frau. Das ist lange her. Ich bin ein kleines Mädchen, und man sagt mir, daß die Babys tot sind. Bin ich das überhaupt? Die Frau gibt es nicht mehr, auch das Mädchen nicht. Es stand verständnislos vor den Männern in der Allee, als sie die Bäume schlugen. Die Kronen mit den roten Beeren lagen im Staub, und ich wußte plötzlich, es wird nie mehr Vogelbeersommer sein. Es gab dann auch keine Erzählungen mehr vom Großvater, auch keinen Großvater. Es wurde immer mehr, was es nicht mehr gab. Was es geben wird? Abschied wird es geben und die ganze Welt. Und immer wieder Abschied davon.

Mit der Zeit, ich sage das so vor mich hin, dieses ›Mit der Zeit‹, gerät alles, was mir Angst macht, unter seinen Namen. Alle Katastrophen und Massaker, alles Grauen und Entsetzen, alle Zufälle und Unfälle. Er macht sich breit im Alltag, schimmert weiß im Röntgenbild, in dem ich mich nicht erkenne.

Einmal aber taucht er auch in der Liebe auf: Die Straße rollt unter den Füßen davon, ich stehe und will mich nicht weiterbewegen. Was wird da fortgetragen? Alles, was ich weiß, schrumpft, krümmt sich zusammen, ist nur

noch Frage, ein einziges Warum. Angst und Schaudern begleiten ihn. Er wird zum Herrn aller Zeiten und Formen, er stellt die Bedingung für den Tag und den Raum; er ist das Maß, das zum Messen nicht taugt. Er ist das Gesetz der Vollkommenheit, und es hat keinen Sinn, sich gegen ihn zu empören, weil er sinnlos ist. Er ist der Unvernünftige, der zwischen Hell und Dunkel nicht unterscheidet. Er schlägt nicht zu, er kennt keine Richtung. Jedesmal, wenn Menschen, wenn Völker in einer Kultur seßhaft werden, tritt er grinsend hervor, stellt ihre Götter in Frage, ihren Glauben und ihre Vernunft. Doch er ist es nicht, der sie im Fortschritt durch die Jahrtausende jagt.
Kriege flackern wieder auf in der Welt. Die Straße rechts, die Gasse links, alles liegt wieder in Schutt und Asche. In Wut, in rasender Ohnmacht. Menschen sterben darin. Plötzlich bin ich dankbar, daß er mich verschont, daß er mir nicht geholfen hat. Er kleidet die Menschen in Trauer und unterscheidet Gut und Böse nicht, nicht Kinder, nicht Greise, weder Frauen noch Soldaten. Aber er führt nicht die Maschinenpistole, lenkt den Bombenträger nicht, er wirft keine Handgranate und füttert den Computer nicht, der den Tötungsplan festlegt. Auch nährt

er den Haß nicht; er bastelt keine Atombombe. Herrschaft und Knechtschaft sind ihm einerlei, er kennt keine Freiheit, er hat keine Zeit. Er haßt nicht, er liebt nicht, er trauert nicht. Er begreift nicht. Und auch ich begreife nur Leben, und alles, was ich nicht begreifen kann, sage ich tot. Und lebe und lebe. Und das Leben hält alles bereit. Ich lebe todesmutig, weil ich anders nicht leben kann. Lebe todesverachtend. Gehorsam erforsche ich jedes Teilchen von mir, das nicht stirbt, das neue Verbindungen eingehen wird, die ich nicht fassen kann, weil ich nichts fassen mag, im weißen Licht der Blitze, wo ich lebe, zwischen Dunkelheit und Dunkelheit, Feuerwerkskaskaden, Sternschnuppen und fallenden Bomben.

Und ich suche in allem nach seinem Bild, suche nach der Grenze, weil ich begrenzen muß: Was ich begrenzen kann, fürchte ich nicht. Und gegen ihn und für ihn habe ich nichts als diesen dunklen Hintergrund der Welt, der bezeugt, daß er nichts ist und nichts bedeutet, nur diesen Rand, diese Trennung, diese Bilder, die sich alle auflösen im weißen Grund, vielleicht dieses Weiß, das mich frißt.

Wien, 1993

Der Raum

Seit einem Jahr lebe ich nun in dieser Stadt am See, in dieser Landschaft, unter diesen Bäumen, in diesen Häusern, Straßen, auf diesen Plätzen und Terrassen, auf diesen Wegen in diesem Ort am See. Mit diesem Bahnhof, mit diesen Menschen, die hier leben, nicht vorüberziehen wie ich: Ohne sie gäbe es hier keine Stadt, keine Häuser, keine Straßen, auch der See wäre anders; es gäbe keine Fabriken, keine Büros, keine Schule, kein Kino, kein Theater, keine Beitz. Und die Sprache: Es hat alles hier, bloß keine U-Bahn und kein Meer. Mehr aber brauche ich nicht.

Ich ließ mich in den großen weißen Raum führen, er wird ein Jahr dauern. Unter mir ist China, beinahe ein Kontinent, der nach Zwiebeln riecht, nach süßen und scharfen Gewürzen. Über mir das Schlafzimmer des Ehepaares, links eine Tür, der Name daran führt zurück nach Italien.

In der Ecke ist die Mauer krumm, eine Linie, die sich bodenwärts nach innen neigt, in den

Raum: Der Wand sieht man es nicht mehr an, dem Staub sieht man es nicht mehr an: Einmal muß das hier die Mauer der ganzen Stadt gewesen sein, die Grenze zwischen Wildnis und Gesetz, zwischen Quellen und Häusern, zwischen Kälte und Öfen und so weiter. Heute halten sich nur die Schatten dunkler in den Winkeln und in der Nische. Draußen ist Straße, ist Kreuzung, ist Schule, draußen ist mittendrin.
Die Nische drückt sich wie ein aufgebrochenes Versteck in die Wand. Plötzlich steht der Wächter drin, er ist mit dem Nebel sichtbar geworden und geht in den Morgenstunden. Er führt seine Gespräche allein: kein Visier im Gesicht, keine Lanze in der Hand, er friert nicht, er ist nicht müde, er ist nicht wach. Ich kitzle ihn, und mir kribbelt die Nacht an den Fingern, ich streichle ihn und kriege einen Brief: Stell dir vor, steht darin. Mit diesen Vorstellungen gehe ich dann hinaus in die Stadt, sie sind mein Panzer, mein Spiegel, alles prallt an ihnen ab und wischt vorüber.
Der Kunstledersessel ist mein Fernsehgaul; ich stelle ihn ans Fenster. Wenn er lostrabt, in den Raum, bleibt nicht einmal ein Steckenpferd, ein Rappe, der mich nicht braucht: Er trug mich zu oft in diesem Jahr der Kriege. Der Divan ist das

grüne Gästebett, eine Kuhhaut spannt sich darüber. Im Norden, so erzählt Birgir, der aus Island hierher kam, erhielt ein Mann, wenn er sich auf der Insel niederließ, Land, so weit der Pfeil flog. Die Frau mußte das Land mit einem Kalb abschreiten, solange der Tag ging. Im Süden wurde geschnippelt: Dido erhielt, was in die in Streifen geschnittene Kuhhaut paßte. Hier bin ich etwa auf halbem Weg zwischen Karthago und Reykjavík. Purcell habe ich mitgebracht, Didos Lied: Remember me, but ah, forget my fate.
Bücher habe ich mitgebracht, Schuhe habe ich mitgebracht, als wäre ich ein Steinläufer, der zu den Hundertfüßlern gehört, und Kleider für ein anderes Klima. Vor mir hat eine alte Frau hier gewohnt. Sie hörte nicht mehr so gut, sah nicht mehr so gut. Sie ist hier gesessen und hat hier geschlafen, sie ist in meinem Winter gestorben. Sie hat hier geträumt, hat hier gelesen, brach die Lampe aus der Fassung. Sie hat von ihrer Zeit die letzten Tage an einem anderen Ort gefordert. Ob es ihr leicht fiel, ob sie in meinen Traum fällt, wenn der Nachtvogel sich im Turm verfliegt?
Der Turm steht in der Küche, ein blinder Wehrturm mit Gittern an den Scharten gegen

Tauben und Fledermäuse. Türme sind seltsam. Selbst als Ruinen ragen sie weiter in die Erinnerung der Menschen und in ihre Vorstellung: Einer muß im Turm stehen wie ein Heiliger in der Ikone. Im Rücken das Land und vor ihm das Wasser. So muß es hier gewesen sein. Einer muß dastehen für alle anderen, die hinter seinem Rücken weiterbauen, eine ganze Stadt; die hinter seinem Rücken reden und lachen, lieben und leiden. Manchmal kribbelt es ihm die Wirbelsäule entlang, ein winziger Schauer. Was er im Rücken weiß, stärkt ihn: Brunngasse, Obergasse, Ring, der Brunnen von Engel und Teufel, der Brunnen der doppelschwänzigen Nixe, der Brunnen der zwei Schalen der Gerechtigkeit, dann Untergasse, Kirchgäßli, Burggasse, Römergasse und die Kastanien auf dem Kirchplatz. Er hat die Bilder der Stadt hinter sich. Er kennt die Geräusche der Bewohner.

Alles machen sie für ihn. Sie backen das Brot und keltern den Wein. Sie füttern die Tiere für ihn und scheren sie, spinnen Garne und weben ihm das Tuch, nähen ihm die Kleider auf die Haut; sie schlachten die Tiere, zerteilen sie und braten sie ihm überm offenen Feuer. Er hört das Knistern, erwischt von den aufsteigenden

Düften gerade noch einen Zipfel und spürt den Speichel flüssiger im Mund.
Er hört noch Hämmern und Sägen, aber die neuen Geräusche erkennt er nicht, sein Blick schweift zu hoch über Straßen und Wasser. Und als die Sirene losheult, schaut er noch weiter hinaus, schaut der Sonne nach, die im Westen hinter die Petersinsel, die er vorn weiß, ins Wasser gesunken ist, schaut in die Dunkelheit und wundert sich in der Stille der Nacht, daß ihm niemand eine Mahlzeit gebracht hat, nicht einmal Wasser.

Biel, 1992

Der Ort

Wo bleiben die Orte?
Wo bleiben die Orte der Kindheit, zum Beispiel, der Jugend, die Orte der Geschichten, die strategischen Orte der großen Geschichte, die taktischen Orte der Anekdoten? Wo bleibt der Ort, wenn die Erzählung zu Ende geht, wenn die Fensterläden geschlossen sind, wenn das Licht gelöscht ist und sich der Traum der Menschen bemächtigt? Hat der Tod einen Ort und der Nicht-Tod? Ist es die Zeit vor der Geburt, und wo bleibt sie?
Wo sind die Orte meiner vergangenen Jahre?
Ist der Ort eine Frage der Zeit?
Ist der Ort eine Frage?
Der Ort, an den die Lachse zum Laichen zurückkehren.
Der Ort, an dem sich die Wale paaren.
Der Ort, an dem die Delphine spielen.
Der Ort der Korallen.
Der Ort der Sardinen.

Der Ort des Wassers ist die Quelle, ist der Fluß.

Es ist die schwierige Mündung im Meer. Wasser gegen Wasser, Brandung gegen Fluß.
Es ist der Ort der Welle, der Ort der Schiffe.
Der Ort der Kielwasser, der Strömungen und der Regentropfen.
Das Wasser ist sich selber der Ort.

Und die Winde?
Wenn sie die Wasser zausen, an Bergen aufsteigen und sich in die Täler stürzen, wenn sie Kälte zeugen und Hitze, wenn sie Feuchtigkeit bringen oder das Land austrocknen, bis zum letzten Körnchen Staub?
Wo ist der Ort der Winde, wenn sie sich in Höhlen und Tälern verfangen, in Felsenstuben, an den Rändern der Kontinente, am Nordkap, am Südkap, am Kap der Guten Hoffnung?
Oder wenn sie landeinwärts fegen, über das Land hinweg, Flüsse entlang, Ebenen? Wenn sie Wüsten umwälzen, Bäume versetzen, in den Städten die Dächer von den Häusern zerren?
Wenn sie unsere Bauwerke zerstören, unsere Anlagen, unsere Behausungen, unser ganzes, an der Erde haftendes Dasein?
Ort der Adler und Geier.
Ort der Brise am Abend.
Ort der Stechmücken.

Und die Erde war Sumpf, war Wald, war Wiese, war Straßengrund.
Ist all das und die dünne Schicht Humus am Felsen. Die Erde hat den Namen des ganzen Planeten, der durch die Zeit wirbelt. Wäre ich außerhalb, im Raumschiff, könnte ich sie sehen, den Ort, den ich eine Zeitlang bewohne.
Ort der Wanzen und Läuse.
Ort der Läuse im Katzenfell.
Ort der Schlangen und Würmer.

Ich schäle mich aus dieser Erde, strecke den Kopf aus dem Sand und öffne Augen und Ohren, die Nase und die ganze Haut dem Wind. Ich löse mich und spüre das Herz schlagen, den Atem.
Ich spüre Kälte und Wärme, Regen und Wind und lerne zu unterscheiden.
Farben sind da, Formen und Zeiten.
Sind an dem Ort, wo ich die Augen öffne: ein Zimmer vielleicht, über einem anderen, ähnlichen Zimmer, unter anderen. Aber der Ort ist der Ort der warmen Hände, der Nahrung, der Zärtlichkeit oder der mangelnden Zärtlichkeit. Farben, Formen und Zeiten nehme ich erst allmählich wahr. Und ich höre allmählich Stimmen und Laute. Höre Nähe und Ferne, rechts

und links, oben und unten. Mich an den Tönen bewegend, stelle ich in diesem Zimmer Entfernungen her, und es entsteht der Raum. Der Raum mit all seinen Orten: der Ort für den Blick, für das Wort, für die Zärtlichkeit und soweiter. Wenn ich mich sehr weit vorwage, gewahre ich den extremen Ort der Mitte in mir selber.

Aber ach, er hält nicht still. Er rutscht vom Herz in die Hose, steigt in den Kopf, rutscht in den Bauch, ins Handgelenk, und manchmal, wenn ich ihn schon verloren glaube, pulsiert er in der großen Zehe am linken Fuß.

Die Bilder

Den *Neun Variationen über das Sehen* liegt die Beschäftigung mit Bildern zugrunde. Ihr Abdruck erfolgt in der Reihenfolge der Texte.

M. C. Escher, Flächenfüllung II

Arnold Mario Dall'O, istist

Julia Logothetis, Tod oder die Verwandlung

Emilio Vedova, Non a caso

Markus Vallazza, Aus dem Reich der Fanes

Marc Rothko, Red on Maroon

Kasimir Malewitsch, Schwarzes Quadrat auf weißem Grund

Giorgio de Chirico, La torre rossa

Romed Perfler / Meinhard Mühlmann / Stefan Schett,
Albin Egger-Lienz, Landschaftsgärtner

Bildnachweis

Seite 77: M. C. Escher, *Flächenfüllung II*, 1957, Lithographie (Cordon Art – Baarn – Holland).
Seite 79: Arnold Mario Dall'O, *istist*, 1992, Malerei, Siebdruck, Wachs auf Leinwand und Metall, Schrift eingraviert (Galerie Thaddeus Ropac, Foto: A. Ochsenreiter).
Seite 81: Julia Logothetis, *Tod oder die Verwandlung* (balinesische Totenverbrennung), 1983, Öl auf Leinwand.
Seite 83: Emilio Vedova, *Non a caso*, 1985, Malerei auf Holz.
Seite 85: Markus Vallazza, *Aus dem Reich der Fanes*, 1993, Kaltnadel auf Aluminium (Salzburger Landessammlungen Rupertinum, Foto P. Rinnerthaler).
Seite 87: Marc Rothko, *Red on Maroon*, 1959, Öl auf Leinwand (The Tate Gallery).
Seite 89: Kasimir Malewitsch: *Schwarzes Quadrat auf weißem Grund*, nach 1920, Öl auf Leinwand (Centre Pompidou).
Seite 91: Giorgio de Chirico, La torre rossa, 1913, Öl auf Leinwand (Peggy Guggenheim Collection, Venedig).
Seite 93: Romed F. Perfler / Meinhard Mühlmann / Stefan Schett, *Albin Egger-Lienz, Landschaftsgärtner*, 1994 (Villgrater Kulturwiese, Foto L. Schaller).

Der Text „Das Herz“ wurde von Anita Pichler 1994 für den ORF, Landesstudio Tirol, als Hörspiel bearbeitet (Regie Martin Sailer; Vertonung der in Kapitälchen gesetzten Abschnitte Haimo Wisser) und wird hier mit freundlicher Genehmigung des ORF in dieser Fassung abgedruckt.

ANITA PICHLER / MARKUS VALLAZZA
DIE FRAUEN AUS FANIS

Fragmente zur ladinischen Überlieferung

Mit Erläuterungen und Nachwort
von Ulrike Kindl
22 x 23,5 cm, gebunden mit Schutzumschlag,
120 Seiten, 24 doppelseitige Zeichnungen

Dreizehn Frauengestalten aus der faszinierenden Sagenwelt des Dolomitenraums zeigt dieses Buch aus literarischer, künstlerischer und sagenkundlicher Perspektive. In Anita Pichlers Prosatexten tritt neben ihrer persönlichen Sicht die zeitlose Wahrheit der überlieferten Sagen zutage: Es sind Naturmythen vom Werden und vom Vergehen, von Erde, Wasser, Wind und Feuer, von Zeit und Vergessen. Die Zeichnungen des Südtiroler Malers Markus Vallazza setzen sich auf eigenständige Art sowohl mit den mythischen Stoffen als auch mit der Prosa Anita Pichlers auseinander.